Steffen Zimmermann

Schutz vor Unsolicited Bulk E-Mails in Unternehmen

I0019308

Steffen Zimmermann

Schutz vor Unsolicited Bulk E-Mails in Unternehmen

GRIN Verlag

Bibliografische Information der Deutschen Nationalbibliothek: Die Deutsche Bibliothek verzeichnet diese Publikation in der Deutschen Nationalbibliografie; detaillierte bibliografische Daten sind im Internet über http://dnb.d-nb.de/ abrufbar.

1. Auflage 2006
Copyright © 2006 GRIN Verlag
http://www.grin.com/
Druck und Bindung: Books on Demand GmbH, Norderstedt Germany
ISBN 978-3-638-66696-1

Thema:

Schutz vor Unsolicited Bulk Emails in Unternehmen

Ausarbeitung

im Rahmen des Fachs Kommunikationsanwendungen

im Fachbereich Betriebsinformatik III

vorgelegt von: Steffen Zimmermann

Abgabetermin: 16.07.2006

Inhaltsverzeichnis

Abbildungsverzeichnis

1 Einleitung

Seit den Sechziger Jahren des letzten Jahrtausends gibt es elektronische Mails, kurz E-Mails. Das Datenvolumen der übertragenen E-Mails überstieg bereits 1971 das über Telnet und FTP übertragene Datenvolumen[1]. Der Erfolg der E-Mail-Kommunikation erforderte eine Standardisierung in einem Protokoll, das 1982 im RFC 822 als „Standard for ARPA Internet Text Messages" festgelegt wurde[2]. Erfolgte damals die auf E-Mail basierte Kommunikation noch in den abgeschotteten ARPA-Netzen der Wissenschaftsinstitute, so wird seit Mitte der Neunziger Jahre vorwiegend das Internet als Kommunikationsplattform genutzt. Das verwendete Protokoll ist hinreichend bekannt unter der Abkürzung SMTP („Simple Mail Transfer Protocol"). Heutzutage ist E-Mail der erfolgreichste Internet-Dienst und aus dem Geschäftsleben nicht mehr wegzudenken.

Doch mittlerweile sind nach Schätzungen des BSI 60% bis zeitweise 90% aller E-Mails als SPAM klassifizierbar. SPAM verstopft nicht nur die Mailboxen der Privatanwender, sondern belastet immer zunehmender die geschäftliche Kommunikation. Ohne SPAM-Filter summieren sich die Arbeitsausfälle durch manuelles Klassifizieren und Löschen von SPAM-E-Mails durch die Anwender auf 140.000 Euro in einem mittelständischen Unternehmen. Betrachtet man den Schaden für die gesamte Volkswirtschaft, wird sehr schnell einen Milliardenbetrag erreicht. Hinzu kommen durch Trojaner und Keylogger infizierte Workstations, die entweder zu einem ferngesteuerten Schwarm für Angriffe auf Unternehmensnetzwerke oder zur Industriespionage eingesetzt werden. Das israelische Anti-SPAM-Start-up-Unternehmen *Blue Security* beispielsweise musste unlängst unter dem Druck eines Distributed-Denial-Of-Service-Angriffs seine Dienste einstellen[3]. Ein Jahr zuvor, ebenfalls in Israel, spionierten national agierende Unternehmen ihre Konkurrenten mit Hilfe von über E-Mail verschickten Trojanern monatelang aus[4].

---

1 vgl. http://de.wikipedia.org/wiki/E-Mail
2 vgl. http://www.ietf.org/rfc/rfc0822.txt
3 vgl. http://www.heise.de/newsticker/meldung/73241
4 vgl. http://www.heise.de/newsticker/meldung/60056

2   Definition – Was ist SPAM?

SPAM ist einer von vielen Begriffen für unverlangt zugesandte Massen-E-Mails. Daher wird in der Fachliteratur einheitlich von UBE, *Unsolicited Bulk E-Mail*, gesprochen. Abhängig vom Inhalt der E-Mails unterscheidet man UBE in[5]:

- *UCE sind* Unsolicited Commercial E-Mails (unverlangte werbende E-Mails) mit größtenteils Werbung für Sex-, Pharmazie-, Softwareprodukte oder geschlechtsbezogene Schönheitsoperationen.

- *SCAM* (engl. Betrug, Beschiss) sind über E-Mail initiierte Betrugsversuche, die den Empfänger meist zu dubiosen Finanztransaktionen aufrufen. Typische SCAM-Absender geben vor, aus Entwicklungsländern zu kommen und bieten den Empfängern relativ hohe Geldbeträge, wenn diese vorher die „Gebühren" überweisen („Advanced Fee Fraud").

- *Phishing E-Mails* bezeichnet trickbetrügerische E-Mails. Die Absender versuchen, die E-Mails als z.B. offizielles Schreiben einer Institution zu tarnen und den Empfänger zur Herausgabe geheimer Informationen zu bringen.

- *Malware E-Mails* sind mit Würmern, Viren oder Trojanern versendete E-Mails. Das Ziel der Malware war in den letzten Jahren eindeutig das massenweise infizieren und versenden von E-Mails als Bestätigung der eigenen Fähigkeiten des Codeautors. In den letzten Monaten ist dies jedoch der professionellen kriminellen Energie gewichen und das Ziel scheint nun eindeutig im Profitbereich zu liegen[6].

- *Joe-Jobs* sind Mails, deren Absender gezielt gefälscht ist und die auf Empfängerseite eine so genannte „Bounce-Mail" (Zustellungsfehler) produzieren. Diese Bounce-Mails werden demzufolge zum falschen Absender geschickt, was das eigentliche Ziel des Täters ist.

- *HOAX-E-Mails* sind neue Formen des Kettenbriefs, die mit reißerischen oder unglaublichen Inhalten den Empfänger dazu bringen sollen, die Nachricht an andere Personen weiterzuleiten. Nicht wenige Kettenmails fordern dies sogar.

---

5   vgl. http://de.wikipedia.org/wiki/Unsolicited_Bulk_Email#E-Mail-Spam
6   vgl. Sophos White Paper „Buying criteria for email security", 2006, http://www.sophos.com/security/whitepapers

3   Geschichte von SPAM

Der Vorläufer unserer heute weitläufig genutzten E-Mail-Server waren die Usenet-Server, auf denen Newsgroups zum regen Informationsaustausch eingerichtet wurden. Die Nachrichten in diesen Gruppen waren für alle Teilnehmer lesbar, ähnlich einem „Schwarzen Brett". Das Usenet und die User hielten sich bis 1994 an die inoffiziellen Regeln im Netz – der Netiquette.

Die Geschichte von elektronischen Werbesendungen beginnt im Mai 1978, als das amerikanische Unternehmen DEC, in den späten 1980er Jahren zweitgrößte Computerfirma der Welt, Werbenachrichten für eine neue Computergeneration an ihr bekannte Adressen des ARPANET sendete[7]. ARPANET empfand dies als Verletzung der Nutzungsregeln und sah sich gezwungen, eine Nachricht an alle Nutzer zu versenden, dass Werbenachrichten in Zukunft nicht toleriert werden. Getroffen von diesem Fauxpas entwickelte der Präsident von DEC, Ken Olsen, in den folgenden Jahren eine Aversion gegen jede Form von Werbung. DEC ist heute Teil des HP-Konzerns.

Zehn Jahre nach dem DEC-Zwischenfall, am 24. Mai 1988, gab es den ersten SPAM-Fall in den USENET-Gruppen. *Rob Noha* sandte unter der Adresse *JJ@cup.portal.com* eine Nachricht mit dem Titel „HELP ME!" an eine große Anzahl der erreichbaren Newsgroups. Dadurch wurde eine rege Diskussion ausgelöst, was die Netiquette in werbetechnische Richtung stark beeinflusst hat. Inhalt der Hilfenachricht waren die knappen finanziellen Mittel von *Noha* sowie der Wunsch nach einem Dollar von jedem Usenet-Nutzer. *Noha* wollte durch diesen „Spendenaufruf" sein Hauptstudium finanzieren[8], wodurch diese Nachricht durchaus als „Charity"-Nachricht angesehen werden kann.

Im Jahr 1993 wurde zum ersten Mal der Begriff „SPAM" im kommunikationstechnischen Zusammenhang in den Mund genommen. *Richard Depew* schrieb eine Software zur Verwaltung der Usenet-Postings, die leider nicht korrekt funktionierte und nach dem einschalten ca. 200 Nachrichten an die Gruppe news.admin.policy schickte. Der Moderator der Gruppe, *Joel Furr*, nannte diese Nachrichten „spam" in Anlehnung an MUD-Programme (MUD bedeutet Multi User Dungeon, in etwa wie Online-Rollenspiele), welche die Chats mit Nachrichten überfluteten – in etwa wie bei einem heutigen „Bot".

Danach begann die Zeit des Usenet-SPAM, als die Netiquette nicht mehr beachtet wurde.

---

7   vgl. Anlage 1: DEC 1978 - SPAM
8   vgl. Anlage 2: JJ 1988 – SPAM

Am 18. Januar 1994 wurde in jeder einzelnen Newsgroup vom Sysadmin der *Andrews University* eine Nachricht eingestellt, die folgenden Betreff hatte: „*Global Alert for All: Jesus is Coming Soon*"[9]. In den folgenden Monaten postete ein gewisser „*Sedar Argic*" in allen Threads türkisch-nationalistische Nachrichten, in denen das Wort „turkey" (Türkei) benutzt wurde. In allen Nachrichten wurde argumentiert, dass der Armenische Genozid nie stattgefunden hat oder dass Armenier an Türken ein Massaker verübt hätten. Da diese Antworten automatisiert abgegeben wurden, erfolgten täglich über einhundert Einträge, wodurch *Sedar Argic* der aktivste Nutzer der damaligen Zeit wurde[10]. Im April 1994 verbreiteten die Rechtsanwälte *Canter & Siegel*, namentlich Laurence A. Canter und seine Frau Martha S. Siegel, den ersten kommerziellen Usenet-SPAM mit dem Betreff „*Green Card Lottery – Final One?*". Da die Medien das erste Mal über die SPAM-Aktivitäten berichteten, wird es häufig fälschlicherweise als erste SPAM-Nachricht geführt[11].

Das Wort SPAM wird auch gerne in Verbindung mit „*Monty Python*" erwähnt. Die britische Comedygruppe zeigte einen Sketch, in dem das Wort „Spam" insgesamt knapp einhundert mal erwähnt wird[12]. In dem Sketch hat Spam die Bedeutung der Handelsmarke SPAM©, Frühstücksfleisch der Firma *Hormel Foods Inc.*

---

9 vgl. http://groups.google.com/group/sci.stat.edu/msg/8cb0e6b6941bac09
10 vgl. http://en.wikipedia.org/wiki/Sedar_Argic
11 vgl. http://www.welt.de/data/2004/07/16/305824.html (falsche Einordnung der Green-Card-SPAM)
    vgl. http://www.templetons.com/brad/spamterm.html (korrekte Einordnung der Green-Card-SPAM)
12 vgl. http://en.wikipedia.org/wiki/Spam_(Monty_Python)

4 Methoden der Adressermittlung

Um E-Mail-SPAM zu verschicken, werden drei verschiedene Informationen benötigt. Die Absendeadresse, der SPAM-Inhalt und die Empfangsadresse. Die Absendeadresse lässt sich leicht fälschen, der SPAM-Inhalt ist die „Produktinformation", mit der bei SPAM das Geld verdient wird. Die Empfangsadresse als dritte benötigte Information ist der am schwierigsten zu beschaffende Teil. Woher erhalten *Spammer* daher die privaten Adressen der E-Mail-Nutzer?

In Newsgroups hatten es die SPAM-Versender am einfachsten, sie konnten alle Teilnehmer mit nur einer Nachricht erreichen. Bei E-Mail ist dies bedeutend schwieriger, da die Adresse des Empfängers dem SPAM-Versender in der Regel nicht bekannt ist. In der Praxis haben sich erfolgreich drei Methoden der Adressermittlung durchgesetzt, die im folgenden Kapitel erläutert werden.

4.1 E-Mail Address Harvesting

Der Begriff „E-Mail Address Harvesting" entstammt aus dem englischen und kann als „E-Mail-Adressen-Sammlung" übersetzt werden. Dies entspricht einer aktiven Suche nach E-Mail-Adressen und deren Erfassung in Datenbanken. Das Harvesting ist die älteste Form der Adressermittlung. So wurde im August 1995 die erste Liste mit 2 Millionen ersammelten E-Mail-Adressen zum Verkauf angeboten.

Typischerweise sammeln Harvester die E-Mail-Adressen auf Webseiten ein, dabei fahren sie wie ein Mähdrescher durch das World Wide Web und ernten alle E-Mail-Adressen auf dem Weg ab, daher auch die Bezeichnung „Harvester". Weitere Quellen für Empfangsadressen sind Usenet-Newsgroups, IRC und IM-Dienste wie ICQ oder Skype. Aktuelle E-Mail Harvester, von den Programmierern auch gerne als „E-Mail Marketing Software" bezeichnet, gehen einen neuen Weg. Sie nehmen vom Nutzer die gewünschten Domänen entgegen, zum Beispiel fom.de oder web.de, ermitteln selbständig über DNS-Abfragen die korrekten Mailserver der betroffenen Domänen und verbinden sich mit den ermittelten Mailservern. Dabei senden sie jedoch keine E-Mails, sondern brechen den Versand nach erfolgter Prüfung der dynamisch erzeugten E-Mail-Adresse ab. Für diesen Vorgang muss der Mailserver des Empfängers jedoch die „Recipient Verification" nach RFC 2821[13] unterstützen. Das bedeutet, dass der Mailserver bei korrekter

---

13 vgl. http://www.faqs.org/rfcs/rfc2821.html

Empfangsadresse eine „250"-Erfolgsmeldung produziert und bei fehlerhaften Empfangsadressen die E-Mail-Zustellung mit einem „5xx"-Fehler ablehnen muss.

```
Connected to host: mc6.law1.hotmail.com
< 220 mc6-f6.hotmail.com Microsoft ESMTP MAIL Service, Version:
5.0.2195.6713 ready at Tue, 23 Dec 2003 07:30:49 -0800
> HELO xxx-xxx.pacbell.net
< 250 mc6-f6.hotmail.com Hello [xx.xx.xx.xx]
> MAIL FROM:<amv@amailsender.com>
< 250 amv@amailsender.com....Sender OK
> RCPT TO:<susan@hotmail.com>
< 250 susan@hotmail.com
> RSET
< 250 Resetting
> QUIT
< 221 mc6-f7.hotmail.com Service closing transmission channel
```
Tabelle 1: SMTP-Verbindung mit korrekter Empfangsadresse[14]

```
Connected to host: mc6.law1.hotmail.com
< 220 mc6-f6.hotmail.com Microsoft ESMTP MAIL Service, Version:
5.0.2195.6713 ready at Tue, 23 Dec 2003 07:30:49 -0800
> HELO xxx-xxx.pacbell.net
< 250 mc6-f6.hotmail.com Hello [xx.xx.xx.xx]
> MAIL FROM:<amv@amailsender.com>
< 250 amv@amailsender.com....Sender OK
> RCPT TO:<23sdsf7ghR@hotmail.com>
< 550 Requested action not taken: mailbox unavailable
> RSET
< 250 Resetting
> QUIT
< 221 mc6-f6.hotmail.com Service closing transmission channel
```
Tabelle 2: SMTP-Verbindung mit fehlerhafter Empfangsadresse

Interessant ist ebenfalls, dass die Google-Webseite allein bei der Suche nach Webseiten auf Deutsch für dem genauen Begriff „E-Mail Marketing Software" über 45.000 Ergebnisse liefert[15]. Harvester werden in Anti-SPAM-Gruppierungen meist treffender als „Spambots" beschrieben.

4.2 Blind-Broadcast

Werden automatisiert Maildomänen mit E-Mail-Empfängern kombiniert, zum Beispiel die Domäne piechaczek.de mit dem Empfänger „webmaster" zu *webmaster@piechaczek.de*, spricht man von „Blind-Broadcast". Die zusammengewürfelten E-Mails werden wie beim Harvester versendet, die entsprechenden Empfangsadressen landen bei erfolgreichem Versand direkt in der Datenbank des Spam-Versenders. Typische Empfänger für solche

---

14 vgl. http://www.massmailsoftware.com/verify/email-address.htm
15 vgl. http://www.google.de/search?hl=de&q=%22E-Mail+Marketing+Software%22&btnG=Suche&meta=lr%3Dlang_de

Blind-Broadcast-Aktionen sind *webmaster, hostmaster, info, admin, service* und *postmaster*.

Bei aktuellen Blind-Broadcast-Programmen werden vorhandene Adressbestände genutzt und die Domänen mit den Empfängern neu verknüpft, so dass Personen mit „einfachen" Namen wie Schneider oder Schmidt sehr schnell Opfer von SPAM werden.

4.3 SPAM-Botnets

E-Mail-Harvester werden gerne als „Spambots" bezeichnet, da Harvester aktiv nach E-Mail-Adressen suchen und diese speichern. SPAM-Botnets sind nun keine Netze von Spambots, sondern SPAM versendende, von kriminellen Hackern kontrollierte, virtuelle Computer-Netzwerke. Diese kontrollierten Computer sind ohne Wissen des Benutzers mit Malware, meist Trojanern, infiziert („Bot") und haben keinen logischen Zusammenhang untereinander. Solche ein von außen kontrolliertes System bezeichnet man auch als „Zombie". Jeder einzelne Bot ist verbunden mit einem oder mehreren Hubs („Hub-Bot" oder „Bot-Herder"). Die auszuführenden Befehle werden meistens über versteckte Chaträume im IRC ausgegeben. Dass ein Computer zu einem Zombie geworden ist, bekommt der normale Nutzer nur selten mit. Anders als Viren und Würmer versuchen die Bots, sich gezielt zu verstecken und nur wenig Last auf dem System zu verursachen. Zusätzlich verwendenden Bots immer häufiger Rootkit-Technologien, um laufende Prozesse und ganze Ordner vor dem Betriebssystem und den Augen des Benutzers zu verbergen[16].

Dieser Aufwand wird vom Botnet-Betreiber getrieben, um das Netz lange am Leben zu erhalten und es Gewinn bringend weiter zu vermieten, so beispielsweise an bekannte *Spammer*. Die Vorteile liegen auf der Hand:

- E-Mail-Harvesting direkt auf dem „Zombie", z.B. im „MS Outlook" des Nutzers,

- E-Mail-Versand vom „Zombie", für mehrere tausend E-Mails gleichzeitig,

- geringere rechtliche Risiken für den Spammer (Rückverfolgung eingeschränkt),

- Nutzung der Infrastruktur und Bandbreite des Zombie-PC.

---

16 vgl. http://www.ibm.com/news/ch/de/2006/02/06_b_backgrounder.html

5   Technische Schutzmaßnahmen

Um vor SPAM-E-Mails zu schützen gibt es mehrere Ansätze, die kombiniert einen äußerst wirksamen Schutz ergeben. Die einzelnen technischen Möglichkeiten lassen sich unterscheiden in clientbasierte und serverbasierte Lösungen. Die Vorteile von serverbasierten Lösungen liegen in der zentralen Administration, dem Filtern am Einfallstor und der Entlastung der Benutzer-Mailboxen. Der Vorteil clientbasierter Lösungen liegt in der besser auf einzelne Benutzer zugeschnittenen SPAM-Erkennung.

Wenn eine SPAM-E-Mail auf die Server eines Unternehmens gelangt, so belegt diese Speicherplatz und wird unter Umständen im täglichen Backup gesichert. Wenn der Mitarbeiter seine E-Mails liest, so muss er diese Mail als SPAM erkennen und manuell aussortieren. Sowohl der Speicherplatzverbrauch und das Backup, als auch die Mitarbeiter-Arbeitszeit sind wertvolle Ressourcen, die durch SPAM gebunden werden. Daher ist es sinnvoll, die geschäftlichen E-Mails eine Prüfroutine durchlaufen zu lassen.

5.1   Serverbasierte Lösungen

Werden die E-Mails direkt vor der Zustellung in die Mailbox des Benutzers geprüft, spricht man von serverbasiertem SPAM-Schutz. Nachfolgende Techniken führen zur generellen Verringerung des SPAM-Aufkommens.

5.1.1   DNS-Blacklists

Jeder Mail Transfer Agent (MTA) muss sich mit dem Mailserver des Empfängers verbinden. DNS-Blacklists sind schwarze Listen, in denen IP-Adressen von auffällig gewordenen MTAs gespeichert sind. Es gibt verschiedene Arten von Blacklists mit unterschiedlichen IP-Adressbereichen. Allen Blacklists ist gemein, dass sie über DNS abgefragt werden können. Als Beispiel werde ich auf die verschiedenen Blacklists des „*Spam and Open Relay Blocking System*" (SORBS) eingehen[17].

SORBS bietet 10 verschiedene Blacklists an, in denen als „gefährlich" eingestufte IP-Adressen kategorisiert sind. Die zur SPAM-Abwehr wichtigste DNS-Zone ist *spam.dnsbl.sorbs.net*, in der alle IP-Adressen erfasst sind, die SPAM/UCE/UBE direkt an SORBS geschickt haben. In dieser Zone sind ebenfalls alle Service Provider erfasst, die aktiv den SPAM-Versand unterstützen, z.B. mit Webseiten oder Mailboxen für *Spammer*.

---

17 vgl. http://www.sorbs.net

Eine weitere wichtige DNS-Zone ist *zombie.dnsbl.sorbs.net*, in der alle bekannten Zombie-PC's (vgl.Kapitel 4.3 SPAM-Botnets) erfasst werden. Schlussendlich gibt es noch die DNS-Zone dnsl.sorbs.net, in der alle anderen Zonen aggregiert werden.

Wird nun eine Verbindung zum Mailserver aufgebaut, so fragt der empfangende Mailserver die IP-Adresse des sendenden MTAs einstellungsabhängig bei einer oder mehreren der genannten DNS-Zonen ab. Im Beispiel von SORBS stellt der Mailserver eine Anfrage an den DNS-Server nach [MTA-IP-Adresse].dnsbl.sorbs.net und wenn der DNS-Server eine IP-Adresse zurück liefert, so steht der sendende MTA in der SORBS-Blacklist. In diesem Falle beendet der empfangende Mailserver die Verbindung mit einer entsprechenden RFC-konformen Fehlermeldung.

Die SORBS-SPAM-Blacklist ist in Security-Kreisen teilweise umstritten, da aufgelistete *Spammer* 50 US-$ an bestimmte Charity Organisationen zahlen sollen, um von der Blacklist genommen zu werden[18]. Alternativen zu SORBS.net sind beispielsweise *Spamcop.net*, *ORDB.org* und *Spamhaus.org*.

5.1.2 Sender Policy Framework

Sender Policy Framework (SPF) ist ein technischer Ansatz, die E-Mail-Adressen und die sendende IP-Adresse miteinander zu verknüpfen, somit gefälschte E-Mail-Adressen am E-Mail-Gateway zu identifizieren und die E-Mail-Annahme zu verweigern.

SPF (nach *RFC 4408)* stellt dem Inhaber einer Internet-Domäne spezielle DNS-Einträge zu Verfügung, um zum Versand von E-Mails von dieser Domäne autorisierte Maschinen festzulegen[19]. Der dazu notwendige DNS-Eintrag vom Typ TXT wird mit der SPF-Versionsnummer, sog. Mechanismen und einem optionalen Qualifikator für jeden Mechanismus gefüllt. Beispielsweise sieht der SPF-DNS-Eintrag der Domäne *vdma.org* folgendermaßen aus:

„v=spf1 ip4:217.110.253.128/26 mx ptr -all"

Der Eintrag „*spf1*" bezeichnet die genutzte SPF-Version, „*ip4*" mit der CIDR-Adresse bezeichnet den als Sender erlaubten IP-Adressbereich 217.110.253.129 bis 217.110.253.191, „*mx*" nimmt die DNS-MX-Einträge von *vdma.org* auf. Der Eintrag „*ptr*" nimmt IP-Adressen auf, die sich zu Domäneneinträgen zugehörig zu *vdma.org*

---

18 vgl. http://www.au.sorbs.net/overview.shtml
19 vgl. http://www.ietf.org/rfc/rfc4408.txt

auflösen lassen und umgekehrt wiederum auf die IP-Adresse verweisen. Der Eintrag „-all" besteht aus dem Qualifikator „-" und dem Mechanismus „all". Der Qualifikator „-" bewirkt eine Umkehrung der Logik, so dass „all" - jeder darf senden - in „keiner darf senden" umgekehrt wird. Da die Abarbeitung aller SPF-Einträge von links nach rechts erfolgt, greift der „-all"-Eintrag erst nach Prüfung der vorangegangenen Einträge. Weitere mögliche Mechanismen können im RFC 4408, Kapitel 5, nachgelesen werden[20].

Neben SPF gibt es noch weitere Verfahren unterschiedlicher Hersteller, die jedoch alle gemeinsam haben, patentiert zu sein und somit nicht in OpenSource-Software eingesetzt werden können. Daher haben diese Varianten auf dem Servermarkt nur eine untergeordnete Bedeutung. Beispiele für weitere Verfahren sind Microsofts „Sender ID" und Yahoos „Domain Keys / DKIM".

5.1.3   Teergrube

Unter einer Teergrube versteht man ein Verfahren zur künstlichen Drosselung von Netzwerkverbindungen eines SPAM-Versenders. Das Ziel ist, die Verbindung zum sendenden Server möglichst lange aufrecht zu erhalten und seine Sendeaktivitäten zu verlangsamen. Man unterscheidet Teergruben nach der OSI/ISO-Implementierung in TCP/IP-Teergruben und Application-Level-Teergruben.

TCP/IP-Teergruben nutzen verringerte IP-Paketgröße, falsche Antwortpakete (SYN/ACK) und Fehlermeldungen zur aktiven Bekämpfung von SPAM-Versendern. Dadurch werden die Ressourcen von SPAM-Versendern gebunden und stehen nicht für ein aktives Versenden zur Verfügung. Eine der bekanntesten Implementationen einer TCP-Teergrube ist die OpenSource-Software „LaBrea"[21].

Application-Level-Teergruben täuschen einen SMTP-Server vor und warten auf kontaktierende MTAs. Wird die Verbindung vom Sender aufgebaut, so nutzen die Teergruben das SMTP-Protokoll zu ihrem Vorteil. Ein SMTP-Server sendet nach erfolgreich ausgeführten Befehlen eine „2xx"-Meldung an den Sender, eine Teergrube jedoch sendet eine „2xx-"-Meldung, die sich demnach nur in dem Minuszeichen unterscheidet. Das Minuszeichen besagt, dass der Empfangsserver mit seiner Antwort noch nicht fertig ist. Da sich solche Antworten dann über mehrere Zeilen ziehen dürfen, wartet der Sender solange, bis er eine „250"-Meldung bekommt. Die Zeit zwischen

---

20 vgl. http://www.rfc-archive.org/getrfc.php?rfc=4408
21 vgl. http://labrea.sourceforge.net/

einzelnen Zeilen kann einige Minuten betragen, je nach eingestelltem Timeout, so dass die Teergrube nahezu keine Bandbreite braucht. Das Vorgehen kann den SPAM-Sender nachhaltig stoppen. Es sind offene Verbindungen von über zwei Tagen nachgewiesen worden.

Teergruben können technisch auch auf anderen Protokollen aufbauen, so dass es mittlerweile auch HTTP-Teergruben gegen E-Mail-Harvester gibt. Ein Nachteil der Teergrube besteht bei der Verzögerung von Providerverbindungen, wenn einzelne Kundenkonten zum SPAM-Versand misbraucht werden. Es empfiehlt sich daher eine Kombination aus DNS-Blacklist, manueller Whitelist (erwünschte IP-Adressen) und Teergrube.

5.1.4 Greylisting

Greylisting arbeitet nach einem „Tripel-Prinzip". Sobald eine dem Empfangsserver unbekannte IP-Adresse eine SMTP-Verbindung aufbaut, wird diese inklusive der angegebenen Envelope-Absender-Adresse und der Envelope-Empfänger-Adresse(n) in einer internen Datenbank gespeichert und die Verbindung unverzüglich mit einem „4xx"-SMTP-Fehler beendet. Der „4xx"-Fehler besagt nach RFC, dass die Zustellung wegen eines temporären Fehlers nicht erfolgreich abgeschlossen wurde und der sendende SMTP-Server nach wenigen Minuten eine erneute Zustellung vornehmen soll – ein RFC-konformer Server wird den Versand der E-Mail erneut versuchen. Bei der erneuten Verbindung findet der Empfangsserver das Tripel in seiner Datenbank wieder, erlaubt die weitere Verarbeitung der E-Mail, bestätigt die erfolgreiche Mailzustellung mit einer „250"-Meldung und speichert Mail-Domäne und IP-Adresse als „Tuplet" in seiner lokalen Whitelist, so dass bei einer erneuten Verbindung eine sofortige Zustellung erfolgt[22].
Nachteilig für diese Art der SPAM-Bekämpfung haben sich nicht RFC-konforme Server herauskristallisiert, die in einer manuell gepflegten Whitelist vom Greylisting ausgenommen werden müssen[23]. Weiterhin gilt bei großen Providern erschwerend, dass die IP-Adresse vom ersten Zustellungsversuch nicht zwingend die selbe IP-Adresse wie beim zweiten Zustellungsversuch ist. Das Problem lässt sich jedoch mit Net-Block-Tripel lösen. Dabei werden keine IP-Adressen mit den Envelope-Adressen verknüpft, sondern das Klasse-C-Subnetz. Ist beispielsweise die sendende IP-Adresse 217.110.253.182, so wird im Tripel das Subnetz 217.110.253.0 gespeichert.

---

22 vgl. http://www.greylisting.org/articles/whitepaper.shtml
23 vgl. http://greylisting.org/whitelisting.shtml

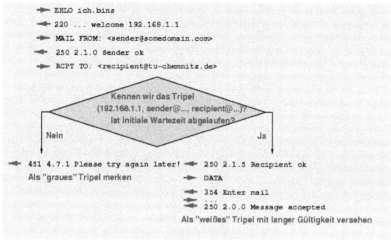

Abbildung 1: Beispiel eines Greylisting-SMTP-Dialogs (Quelle: Frank Richter, TU Chemnitz)

5.1.5 PenaltyBox

Als „Strafbank" für auffällige IP-Adressen ist das PenaltyBox-Verfahren die jüngste Waffe gegen SPAM. Für die PenaltyBox (PB) werden alle vorher genannten Verfahren zusammengefasst. Jedem erfolgten Check einer IP-Adresse wird ein PB-Wert zugewiesen, beispielsweise den Wert „*10*" für den Versand von Viren oder den Wert „*100*" für erkannte gefälschte Headerinformationen in der E-Mail. Die Werte werden über einen definierten Zeitraum addiert, so dass bei Überschreitung eines festgelegten Gesamtwertes die IP-Adresse auf der „Strafbank" landet und vorerst keine weiteren Aktionen ausführen darf. Nach einer bestimmten Zeitspanne wird die IP-Adresse wieder freigegeben und zurückgesetzt. IP-Adressen, die in der Zeit auf der „Strafbank" weiterhin stark auffällig werden, landen in der PenaltyBox-Blacklist, aus der die Einträge nur noch manuell entfernt werden können.[24]

```
Jul-10-06 20:15:18 PB: 83.23.81.58 score: 0+15 => 15
reason:83.23.81.58:RelayAttempt:from:vrqusqsydy@erg.it

Jul-10-06 20:17:26 PB: 218.18.207.11 score: 0+10 => 10
reason:218.18.207.11:missingMX/A:gyy@hguu.com:from:gyy@hguu.com

Jul-10-06 20:19:41 PB: 86.82.55.182 score: 0+200 => 200
reason:86.82.55.182:ForgedHELO:localhost:from:ce3cwf@icabling.com
```

Beispiel für PenaltyBox-Verfahren (Quelle: VDMA-Logfile ASSP-Server)

---

24 vgl. http://www.swexpress.com/icons/pdfs/symantec/Symantec_Mail_Security_product_overview_presentation.ppt

5.2   Clientbasierte Lösungen

Der SPAM-Schutz für Privatanwender ist nur schwer als serverbasierte Lösung realisierbar. Auch vielen kleinen Unternehmen sind die Kosten für Anschaffung, Wartung und vor allem Administration einer serverbasierten Technik zu hoch. Der Schutz vor SPAM direkt auf den Clients verspricht eine dezentralisierte Administration durch den jeweiligen Benutzer, geringere Anschaffungskosten und so gut wie keinen Platzbedarf.

5.2.1   AntiSPAM-Software

Klassische AntiSPAM-Software ist auf dem Client als Hintergrunddienst installiert und befindet sich technisch gesehen zwischen dem E-Mail-Programm und der Mailbox des Benutzers.

Abbildung 2: Funktion von AntiSPAM-Software (eigene Grafik)

Dazu wird im E-Mail-Programm als ausgehender SMTP-Server eine lokale Adresse und ein freier Port eingestellt, z.B. 127.0.0.1:1225. Sobald der Benutzer eine E-Mail versendet, passiert diese die AntiSPAM-Software, wird dort analysiert und an den eigentlichen SMTP-Server weitergeleitet. Durch die Analyse lernt die Filter-Engine, legitime geschäftliche E-Mails von SPAM-E-Mails zu unterscheiden. Je länger die Software trainiert wird, desto akkurater sind die Erkennungsraten. Vorteil dieser Softwarelösung ist die individuelle Filterung der E-Mails, so dass für jeden Benutzer die höchstmögliche SPAM-Erkennung gewährleistet ist.

5.2.2   SPAM-Schutz im Mailclient

In modernen E-Mail-Programmen wie Mozilla Thunderbird oder dem M2-Modul von Opera sind SPAM-Filter-Technologien bereits integriert. Diese Technologien unterscheiden sich nicht von den im vorigen Unterkapitel beschriebenen AntiSPAM-Programmen. Ein Umstieg auf Mozilla oder Opera macht für kleine Unternehmen, Selbständige oder Freiberufler Sinn, denn die beiden genannten Programme sind kostenlos und frei verfügbar[25].

---

[25] vgl. http://www.opera.com (Opera), http://www.mozilla.com (Mozilla Thunderbird)

6 Persönliche Schutzmaßnahmen

Damit erst gar keine SPAM-Mails in der Mailbox landen, sollten einige vorbeugende Maßnahmen im Umgang mit E-Mail-Adressen beachtet werden:

- **E-Mail-Adressen nicht in Klartext auf Webseiten hinterlegen.**
  Damit Harvester keine Chance haben, sollte die Adresse als Grafik oder durch javascript geschützt abgelegt werden. Im Allgemeinen sollte die E-Mail-Adresse nicht maschinenlesbar sein.
  Eine Änderung in beispielsweise *mail <ät> f o m <punkt> de* bringt eine hohe Sicherheit, ist jedoch nicht barrierefrei oder kundenfreundlich.

- **Niemals auf SPAM-E-Mails antworten.**
  SPAM-E-Mails gehen nie persönlich an den Empfänger. In der E-Mail enthaltene Links für das „Abmelden" aus dem Verteiler dienen der Verifizierung der E-Mail-Adresse und mit einer verifizierten Adresse kann der SPAM-Versender sogar Handeln (Adresslisten).

- **Automatische Vorschaufenster deaktivieren**
  In vielen SPAM-E-Mails sind Verweise auf im Internet abgelegte Grafiken enthalten, so dass durch Öffnen der E-Mail die Adresse verifiziert werden kann. Ohne ein Öffnen der Mail können ebenfalls keine Sicherheitslücken der Anzeige im E-Mail-Programm ausgenutzt werden.

Weitere Möglichkeiten des persönlichen Schutzes sind so genannte „Robinsonlisten", in denen die persönliche E-Mail-Adresse hinterlegt werden kann, wenn man keine unverlangte Werbung wünscht[26]. Dies hat sich jedoch in den letzten Jahren auf Grund von Missbrauch als nicht zur SPAM-Bekämpfung geeignetes Mittel herausgestellt.

---

26 vgl. http://www.robinsonliste.de

7 SPAM und Recht

Ist SPAM rechtlich zulässig oder verstoßen E-Mail-Marketing-Aktionen gegen geltendes Recht? Fragen, die sich sowohl IT-Verantwortliche als auch Vertriebsleiter stellen – aus verschiedenen Sichten. IT-Verantwortlichen sind unerwünschte Werbe-E-Mails ein Dorn im Auge, Vertriebsleiter freuen sich über geringe Kosten und hohe Reichweite. Das folgende Kapitel beleuchtet sowohl „legalen SPAM" als auch rechtlich nicht zulässige Werbe-E-Mails sowie die rechtlichen Grundlagen und Konsequenzen.

Der Bundesgerichtshof hat in Bezug auf E-Mail-Werbung im März 2004 folgendes verbraucherfreundliche Urteil gefällt:

„Die Zusendung einer unverlangten E-Mail zu Werbezwecken verstößt grundsätzlich gegen die guten Sitten im Wettbewerb. Eine solche Werbung ist nur dann ausnahmsweise zulässig, wenn der Empfänger ausdrücklich oder konkludent sein Einverständnis erklärt hat, E-Mail-Werbung zu erhalten, oder wenn bei der Werbung gegenüber Gewerbetreibenden aufgrund konkreter tatsächlicher Umstände ein sachliches Interesse des Empfängers vermutet werden kann."

und weiter:

„Ein die Wettbewerbswidrigkeit ausschließendes Einverständnis des Empfängers der E-Mail hat der Werbende darzulegen und gegebenenfalls zu beweisen."

sowie abschließend:

„Der Werbende hat durch geeignete Maßnahmen sicherzustellen, dass es nicht zu einer fehlerhaften Zusendung einer E-Mail zu Werbezwecken aufgrund des Schreibversehens eines Dritten kommt."[27]

Zusammengefasst bedeutet das Urteil für den E-Mail-Werbenden:

- Der Empfänger der Werbe-E-Mail muss dem Versand zuvor zugestimmt haben oder mit dem Werbenden in Geschäftsbeziehung stehen!

- Der Werbende muss das Einverständnis oder die bestehende Geschäftsbeziehung bei Bedarf beweisen können!

Sofern die Vorgaben des Bundesgerichtshofs beachtet werden, steht dem E-Mail-Marketing nichts entgegen. Werden die Vorgaben nicht beachtet, setzt sich der E-Mail-

---

27 vgl. http://juris.bundesgerichtshof.de/cgi-bin/rechtsprechung/document.py?
Gericht=bgh&Art=en&Datum=Aktuell&Sort=12288&client=3&nr=28908&pos=1&anz=536

Sender Unterlassungs- und Schadensersatzansprüchen aus (§ 823 I, 1004, 826 BGB)[28].

Ähnlich wie die deutsche Rechtsprechung greift auch die EU das Thema unerwünschter E-Mail-Werbung auf und schreibt für legale E-Mail-Marketing-Aktivitäten das „Opt-In"-Verfahren vor[29]. Darunter versteht man die Verpflichtung des E-Mail-Versenders, vor dem Versand die Erlaubnis des Empfängers einzuholen. In den USA dagegen ist SPAM grundsätzlich erlaubt, sofern der Empfänger nicht auf einer Anti-SPAM-Liste steht[30]. Dieses „Opt-out"-Verfahren ist seit der Verabschiedung des *CAN-SPAM-Act* in 2003 umstritten, da es SPAM nicht explizit verbietet.

Das massenhafter Versand von unerwünschten E-Mails strafrechtliche Konsequenzen haben kann, ist geklärt. Doch wie sieht es mit dem Filtern von SPAM-E-Mails aus, darf der IT-Verantwortliche geeignete Software einsetzen, um SPAM zu löschen? Wie sieht es mit der Privatsphäre des Mitarbeiters aus?

Serviceprovider und IT-Verantwortliche in Unternehmen müssen sich die Frage stellen, wie weit die Filtermaßnahmen gehen dürfen und sollten. Jeder Mitarbeiter wird ein vitales Interesse daran haben, dass keine E-Mails ohne explizite Genehmigung gelöscht oder verändert werden. Die bestehende Filtertechnik kann zudem nicht garantieren, dass auch angeforderte E-Mails, die damit nicht unter den SPAM-Aspekt fallen, entfernt werden.

Das Fernmeldegeheimnis legt für Serviceprovider fest, dass keine selbständigen Bekämpfungen von SPAM durchgeführt werden dürfen (Stichwort Datenunterdrückung nach § 303 a I StGB). Diese Vorgehensweise empfiehlt sich somit ebenfalls nicht für IT-Verantwortliche. Eine mögliche korrekte Implementierung eines SPAM-Filters basiert daher nicht auf Löschen, sondern Klassifizieren und Markieren. Anhand von Regeln und technischen Schutzmaßnahmen, wie in Kapitel 5 beschrieben, werden E-Mails als SPAM klassifiziert und im Betreff um einen schlüssigen Wortlaut, beispielsweise „**SPAM**", erweitert. Den Mitarbeiter oder Kunden wird dadurch das tägliche manuelle Filtern erleichtert. Eine weitere rechtskonforme Variante ist das Quarantäne-Verfahren, bei dem alle als SPAM klassifizierten E-Mails auf dem Server zurückgehalten werden. Der Nutzer des Systems erhält täglich eine Mail mit dem Verweis auf den Server und den hinterlegten verdächtigen E-Mails. Dort kann er persönlich entscheiden, welche E-Mails zugestellt oder gelöscht werden sollen.

---

28 vgl. http://www.adversario.de
29 vgl. Art. 13 Abs. 1 EU-Datenschutzrichtlinie, http://register.consilium.eu.int/pdf/de/01/st15/15396d1.pdf
30 vgl. CAN-SPAM Act, http://www.spamlaws.com/federal/108s877.html

8   Fazit

SPAM ist das Problem eines jeden E-Mail-Accounts und ist mittlerweile ein beständiges 80%-Rauschen in der elektronischen Kommunikation. Anti-SPAM-Technologien einzusetzen ist daher nicht nur geboten, sondern zwingend erforderlich. Wenn die Schutzmechanismen im Einklang mit gesetzlichen Vorgaben umgesetzt werden, wird die Arbeit mit dem geschäftlichen Kommunikationsmedium für jeden Mitarbeiter nicht nur sicherer, sondern auch entspannter.

Reaktive Maßnahmen, wie sie durch Anti-SPAM-Produkte umgesetzt werden, sind aber leider nicht die Lösung des eigentlichen SPAM-Problems. Das lässt sich nur durch Authentisierung und Zertifizierung in den Griff bekommen, ein realitätsferner Traum ohne Änderungen im 24 Jahre alten Kommunikationsprotokoll SMTP.

Abkürzungsverzeichnis

ARPA	Advanced Research Projects Agency Agentur des U.S.-Verteidigungsministeriums für Hightech-Projekte mit einem jährl. Budget von 3 Mrd. US-$ (2003)
CAN-SPAM-Act	Controlling the Assault of Non-Solicited Pornography and Marketing Act of 2003 (U.S. Gesetz)
CIDR	Classless Inter-Domain Routing dient der besseren Ausnutzung der IPv4-Adressbereiche
DEC	Digital Equipment Corporation ehem. Computerfirma
DNS	Domain Name System Hauptaufgabe ist, auf Namensanfragen mit der zugehörigen IP-Adresse zu antworten
IM-Dienste	Instant Messaging Dienste Dienste zur direkten Kommunikation (Text, Sprache, Video)
IRC	Internet Relay Chat textbasiertes Chat-System
MTA	Mail Transfer Agent Programm, das den Transport und die Verteilung von Nachrichten erledigt
MX	Mail Exchange Resource Record Eintrag (Resource Record) im Domain Name System, der sich ausschließlich auf den Dienst E-Mail (SMTP) bezieht
RFC	Request for Comments RFCs sind eine Reihe von technischen und organisatorischen Dokumenten des RFC-Editor zum Internet (ursprünglich ARPANET)

Anlage 2: JJ 1988 – SPAM

Nachfolgend die erste Newsgroup-SPAM von 1988, klassifizierbar als SCAM. Die Diskussion war kurz und endete in der Debatte um Provider wie Portal.com, die gegen geringes Entgelt jedem Anwender einen Zugang zum Usenet zur Verfügung stellten.

```
FROM:      x x x
Date:      Tues, May 24 1988 2:00 am
SUBJECT:   HELP ME!

Poor College Student needs Your Help!!   :-(

Hi.  I just finished my junior year in college, and now I'm faced with a
major problem.  I can't afford to pay for my senior year.  I've tried
everything.  I can't get any more student loans, I don't qualify for any
more scholarships, and my parents are as broke as am I.  So as you can
see, I've got a major problem.  But as far as I can see, there is only
one solution, to go forward. I've come along way, and there is no chance
in hell that I'm going to drop out now!  I'm not a quiter, and I'm not
going to give up.

But here is why I'm telling you all this.  I want to ask a favor of every
one out here on the net.  If each of you would just send me a one dollar
bill, I will be able to finish college and go on with my life. I'm sure a
dollar is not much to any of you, but just think how it could change a
person's life.  I'd really like to encourage all of you to help me out,
I've no other place to go, no other doors to knock on.  I'm counting on
all of you to help me! (PLEASE!)
If you would like to help a poor boy out, please send $1 (you can of
course send more if you want!!   :-)

Jay-Jay's College Fund
PO BOX 5631
Lincoln, NE   68505

PS.  Please don't flame me for posting this to so many newsgroups, I
really am in dire need of help, and if any of you were as desparate
as I am, you just might resort to the same thing I am.  Also, please
don't tell me to get a job!  I already have one and work over 25 hrs a
week, plus get in all my classes, plus find time to study!  So hey,
please consider it!  It would really mean a lot to me.  Thank you!

NOTE: Any extra money I receive will go to a scholarship fund to help
others in the same situation.   :-)
```

WE INVITE YOU TO COME SEE THE 2020 AND HEAR ABOUT THE DECSYSTEM-20 FAMILY
AT THE TWO PRODUCT PRESENTATIONS WE WILL BE GIVING IN CALIFORNIA THIS
MONTH.   THE LOCATIONS WILL BE:

                TUESDAY, MAY 9, 1978 - 2 PM
                    HYATT HOUSE (NEAR THE L.A. AIRPORT)
                    LOS ANGELES, CA

                THURSDAY, MAY 11, 1978 - 2 PM
                    DUNFEY'S ROYAL COACH
                    SAN MATEO, CA
                    (4 MILES SOUTH OF S.F. AIRPORT AT BAYSHORE, RT 101 AND
RT 92)

A 2020 WILL BE THERE FOR YOU TO VIEW. ALSO TERMINALS ON-LINE TO OTHER
DECSYSTEM-20 SYSTEMS THROUGH THE ARPANET. IF YOU ARE UNABLE TO ATTEND,
PLEASE FEEL FREE TO CONTACT THE NEAREST DEC OFFICE
FOR MORE INFORMATION ABOUT THE EXCITING DECSYSTEM-20 FAMILY.

Anlage 2: JJ 1988 – SPAM

Nachfolgend die erste Newsgroup-SPAM von 1988, klassifizierbar als SCAM. Die Diskussion war kurz und endete in der Debatte um Provider wie Portal.com, die gegen geringes Entgelt jedem Anwender einen Zugang zum Usenet zur Verfügung stellten.

```
FROM:
Date:      xxxxTues, May 24 1988 2:00 am
SUBJECT:   HELP ME!

Poor College Student needs Your Help!!   :-(

Hi.  I just finished my junior year in college, and now I'm faced with a
major problem.  I can't afford to pay for my senior year.  I've tried
everything.  I can't get any more student loans, I don't qualify for any
more scholarships, and my parents are as broke as am I.  So as you can
see, I've got a major problem.  But as far as I can see, there is only
one solution, to go forward. I've come along way, and there is no chance
in hell that I'm going to drop out now!  I'm not a quiter, and I'm not
going to give up.

But here is why I'm telling you all this.  I want to ask a favor of every
one out here on the net.  If each of you would just send me a one dollar
bill, I will be able to finish college and go on with my life. I'm sure a
dollar is not much to any of you, but just think how it could change a
person's life.  I'd really like to encourage all of you to help me out,
I've no other place to go, no other doors to knock on.  I'm counting on
all of you to help me! (PLEASE!)
If you would like to help a poor boy out, please send $1 (you can of
course send more if you want!!  :-)

Jay-Jay's College Fund
PO BOX 5631
Lincoln, NE   68505

PS.  Please don't flame me for posting this to so many newsgroups, I
really am in dire need of help, and if any of you were as desparate
as I am, you just might resort to the same thing I am.  Also, please
don't tell me to get a job!  I already have one and work over 25 hrs a
week, plus get in all my classes, plus find time to study!  So hey,
please consider it!  It would really mean a lot to me.  Thank you!

NOTE: Any extra money I receive will go to a scholarship fund to help
others in the same situation.  :-)
```